CIP-Kurztitelaufnahme der Deutschen Bibliothek

Bartos-Höppner, Barbara:
Meine allerliebsten Vögel/Barbara Bartos-Höppner.
Mit Bildern von Monika Laimgruber.
1. Aufl. - Hildesheim: Gerstenberg, 1987.
ISBN 3-8067-4070-4

NE: Laimgruber, Monika

1. Auflage 1987

Printed in Germany
ISBN 3-8067-4070-4

Gerstenberg Verlag

Barbara Bartos-Höppner

Meine allerliebsten Vögel

Mit Bildern von
Monika Laimgruber

Januar

Draußen liegt hoher Schnee.
Vater hat sich etwas Besonderes ausgedacht.
Als er den Weihnachtsbaum abgeräumt hat, geht er in den Keller. Aus zwei Holzstücken sägt und hämmert er ein Kreuz. In die Mitte kommt ein dicker, langer Nagel, und auf den Nagel wird der Tannenbaum gespießt.
Vater stellt ihn an die Hauswand, und Jockele hängt Futterknödel in die Zweige. Nicht lange, und die ersten Kohlmeisen kommen. Sie picken an den Knödeln und wippen auf und nieder. Dann kommen die Blaumeisen angeschwirrt.
„Oh!“ ruft Jockele. „Die machen ja Kopfstand beim Essen.“ Er mag nicht mehr vom Fenster weggehen. „Welche gefallen dir besser, Mutter? Die mit den schwarzen Käppchen oder die mit den blauen?“
„Ich weiß nicht, Jockele.“
„Ich auch nicht, aber ich möchte sie am liebsten mal streicheln.“

Februar

Eines Tages gibt es am Fenster plötzlich einen dumpfen Schlag. Mutter und Jockele laufen hin und gucken. Unten im Schnee liegt ein Dompfaff. Er ist gegen die Fensterscheibe geflogen.
„Ist er . . . ?"; Jockele fängt an zu weinen.
„Nein", sagt Mutter, „er ist nicht tot." Sie holt ein Körbchen und legt ein Tuch hinein. Dann geht sie in den Garten. Sie hebt den Dompfaff auf, setzt ihn in den Korb und deckt ihn mit einem Handtuch zu.
Nach einer Stunde gucken Mutter und Jockele nach, wie es ihm geht. Der Dompfaff hat sich aufgerichtet. Am Abend hüpft er schon von einer Seite auf die andere, und am nächsten Morgen . . .
„Den können wir fliegen lassen", sagt Mutter. Jockele geht mit dem Körbchen vor die Tür. In der Tanne drüben sitzt das Weibchen und ruft: Djüh! - Djüh! - Djüh! Der Dompfaff hebt den Kopf und - witsch - fliegt er hinüber.
Am nächsten Tag kauft Vater Silbervögel und klebt sie an die Fensterscheiben.

März

Vater geht mit Jockele in ein Geschäft, das Nistkästen zu verkaufen hat. Es gibt dort auch Blumenzwiebeln, Radieschensamen, Katzenstreu und Hundekuchen. Jockele geht gern dorthin. Es ist so schön dämmrig in dem alten Gewölbe.
„Ich möchte gern zwei Nistkästen für Stare", sagt Vater. - „Aber gern", sagt der Verkäufer.
„Sie haben wohl keinen Kirschbaum im Garten?" fragt ein Mann. „Mir haben die Stare im vorigen Jahr alle Kirschen runtergeholt, ratzekahl."
Daheim hängt Vater den einen Starenkasten in die Birke, den anderen neben die Kletterrose. Und am Sonntag sitzt doch wahrhaftig schon ein Star in der Birke. Er pfeift und trällert.
Mutter sagt: „Ich kenne ein Gedicht, das fängt so an:
Wenn der Starmatz wieder heimkommt
und der Frost nicht mehr dräut,
ach, was sind da die Kinder
für glückliche Leut'!"

April

Auf dem Bauernhof, wo Mutter die Eier kauft, gibt es viel zu sehen: den Hund, den Kater, die Kühe und die Hühner mit ihren Küken.
Heute sieht Jockele noch etwas. Im Haus, hoch über der Tür, hängt ein grauer Klecks.
„Das ist ein Schwalbennest", sagt die Bäuerin.
Jockele guckt. Plötzlich schießt ein schwarzer Pfeil aus dem Klecks hervor und ist schon zur Tür hinaus.
Als Jockele das nächste Mal kommt, sieht er über dem Nestrand vier gelbe Schnäbel und hört es piepsen. Dann kommen die Schwalbeneltern und füttern die Kleinen. „Im Herbst", sagt die Bäuerin, „ziehen alle Schwalben weit fort in ein Land, wo es warm ist, bis nach Afrika. Aber im Frühling sind sie wieder da, und dann freuen wir uns."
„Ich auch", sagt Jockele. „Ob die Kleinen schon fliegen können, wenn ich wiederkomme?"

50 kg

Mai

Tschingdara – tschingdara – tschingdarassabum! Jockele ist mit Vater und Mutter in aller Frühe auf den Pfingstmarkt gewandert. Da ist was los! Karussells, eine Luftschaukel, ein Riesenrad. Es duftet nach Würstchen und gebrannten Mandeln. Im Zelt spielt eine Kapelle. Als die Musik eine Pause macht, hören sie es rufen. Kuckuck! – Kuckuck! – Kuckuck!
„Ob er dort in den Bäumen sitzt?“ Jockele zeigt auf die Buchen hinter dem Zelt.
„Der läßt sich so leicht nicht blicken“, sagt Vater, und Mutter erzählt Jockele, daß der Kuckuck sich hier und dort aufhält, weil er kein eigenes Nest baut. „Und seine Jungen läßt er von anderen Vögeln ausbrüten.“
„Und wenn er ruft, muß man Geld bei sich haben“, sagt Vater und klopft sich auf die Hosentasche. „Das bringt Glück.“
Kuckuck! – Kuckuck! – Kuckuck!
„Kuckuck!“ ruft Jockele. „Wo bist du denn? Ich möchte dich mal se – hen!“

Juni

Oma und Opa wohnen am Wald. Jockele ist bei ihnen zu Besuch. Zum Abendbrot grillt Oma Würstchen und stellt ein Windlicht auf den Tisch. Als es immer dunkler wird, steigt ein runder Mond am Himmel empor, und Opa erzählt das Märchen von der Nachtigall, die einen verzauberten Prinzen erlöst hat: „Als es auf Mitternacht zuging und der Prinz wieder in den tiefen Zauberschlaf sinken sollte, fing eine Nachtigall unter dem Turmfenster so süß zu singen an, daß der Prinz ..."
In diesem Augenblick ist von der Hecke her ein sanftes, leises Flöten zu hören. Dann jubiliert es und schlägt und schmettert.
„Unsere Nachtigall", flüstert Opa.
Jockele kann vor Staunen gar nichts sagen. Erst als sie schlafen gehen, fragt er: „Hast du sie schon mal gesehen, Opa?"
„Ja, ein einziges Mal. Aber man muß sehr behutsam sein."
Durch das offene Fenster ist die Nachtigall immer noch zu hören, und Jockele träumt, er wäre ein Prinz.

Juli

In den Ferien sind Vater, Mutter und Jockele an einen großen See gefahren. Sie wohnen in einem Holzhaus, und ein Boot gehört auch dazu.
Vater rudert mit Jockele und Mutter gleich los. Zuerst sehen sie nur Schilf. Dann komt eine Wiese.
Vater hält an. Auf der Wiese stelzen zwei Störche einher. Sie suchen mit den Schnäbeln im nassen Gras herum. Jetzt hat einer etwas gefunden. „Ein Frosch!" ruft Jockele. „Er hat einen Frosch im Schnabel." Der Storch breitet die Flügel aus und fliegt davon. Auf einem Haus hinter der Wiese drüben ist das Storchennest. Dort warten zwei kleine Störche.
„Mögen die wirklich Frösche essen?" fragt Jockele. Mutter nickt. „Sie mögen auch Schnecken und Mäuse." Jockele schüttelt sich. Er sieht, wie sich die Storchenmutter über die aufgesperrten Schnäbel ihrer Jungen beugt. Dann stellt sie sich auf den Nestrand und schlägt ihren Schnabel ganz schnell auf und zu.
„Komisch", sagt Jockele, „das klappert ja richtig."

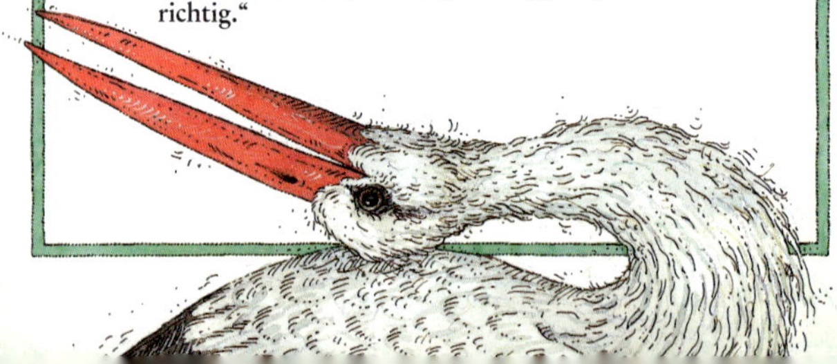

August

Das erste Mal sieht Jockele die Tauben auf dem Gartentor sitzen. Es sind Ringeltauben, und sie rufen immer: Hu-huu-hu-hu-ru! Hu-huu-hu-hu-ru!
Das zweite Mal sieht Jockele die Tauben auf dem Bauernhof. Es sind weiße Pfautauben, die mitten im Hof ein eigenes Haus bewohnen. Sie fliegen von allen Seiten heran, wenn die Bäuerin mit der Körnerschüssel kommt.
Das dritte Mal sieht Jockele die Tauben in der Stadt. Sie wohnen oben auf dem Rathaus. Vater hat Futter gekauft. Mutter und Jockele streuen es auf das Pflaster, und schon schweben die Tauben zu ihnen herunter.
Eine setzt sich auf Jockeles Kopf. Jockele erschrickt. „Eh, was willst du denn?“ Jockele läßt vor Aufregung die Tüte mit dem Futter fallen.

September

Vater will auf der Autobahn eine Pause machen. Der nächste Parkplatz ist gerade recht. Er liegt abseits unter hohen Bäumen am Wald.
Jockele findet eine schwarzweiße Vogelfeder.
„Die ist von einem Buntspecht", sagt der Mann am Nebentisch. „Man kann ihn auch hören."
Alle sind still. Nur die Bäume rauschen. Da, jetzt! Ganz in der Nähe: Trrrrrrrrt! - Trrrrrrrrt! - Trrrrrrrrt! Es trommelt richtig und hallt durch den Wald. Jockele rennt los. Aber er findet ihn nicht.
Als sie gerade weiterfahren wollen, schwingt sich der Buntspecht an einen Baumstamm. Sie sehen ihn alle. Er klopft, äugt und bohrt seinen Schnabel unter die Rinde. Jetzt ist er verschwunden. Plötzlich taucht er ein Stück höher wieder auf. „Der kann ja richtig am Baum hochlaufen", sagt Jockele.

Oktober

Eine Nacht mit viel Wind, die andere mit viel Regen. Jetzt fallen die Eicheln auf den Weg. Jeden Tag ist der Eichelhäher im Garten. Er legt sich einen Wintervorrat an. Zuerst versteckt er die Eicheln unter den Johannisbeersträuchern, dann sitzt er rätschend auf der Wiese und will die Vögel aus dem Vogelbad vertreiben. Beim Rotkehlchen glückt es ihm.

Jockele ist richtig böse. Am liebsten möchte er ihn fortjagen. Die Spatzen tschilpen den Eichelhäher tüchtig an, aber die kleine Bachstelze traut sich nicht in die Nähe.

Jockele steht schon an der Tür. Da sieht er, wie der Eichelhäher im Vogelbad zu trinken anfängt. Er trinkt und trinkt und trinkt.

„Ach so“, sagt Jockele. „Er hat großen Durst gehabt.“

November

Die Krähen schlafen in einem Baum hinter der Kirche. Morgens, wenn Jockele mit der Mutter zum Markt geht, fliegen sie alle zusammen los.
„Auf Futtersuche“, sagt Mutter.
„Wohin fliegen sie denn?“ fragt Jockele.
„Auf die Felder und auf die Müllhalden, sie mögen alles.“
Auf dem Markt, wo der Käsemann steht, sitzt auch eine Krähe. Sie hat ein Stück Käserinde gefunden. Jetzt kommt noch eine Krähe. Sie sucht und sucht und plustert sich auf.
„Ich glaube, sie friert“, sagt Jockele.
Gegen Abend, wenn der Nebel kommt und Jockele mit Vater und dem Hund spazierengeht, kehren die Krähen auf ihren Schlafbaum zurück.
Krah! – Krah! – Krah! – Krah!

Dezember

„Diese Zankerei hört auf!“ sagt Vater.
Im kleinen Futterhaus an der Hauswand sitzen zwei Grünfinken. Sie hacken um sich und lassen keinen anderen Vogel an das Futter.
Am nächsten Tag lädt ein Lastwagen ein großes Futterhaus ab. Höchste Zeit, denn es fängt zu schneien an.
Jockele streut gemischtes Futter in das neue Vogelhaus, außerdem Sonnenblumenkerne, Haferflocken und Rosinen. Jetzt können sie alle satt werden, die Buchfinken und die Dompfaffen, die Grünfinken und die Meisen. Die Spatzen sind früh die ersten, die Amseln abends die letzten.
Der harte Winter treibt auch den Kleiber ans Futterhaus und ein paar Tage später sogar den Kernbeißer.
„Dem schenk’ ich alle meine Nüsse“, sagt Jockele. Inzwischen ist nämlich der Nikolaus dagewesen.
„Die müssen wir aber aufknacken“, sagt Mutter.
„O fein, ich fang’ gleich damit an.“ Jockele rennt los und sucht den Nußknacker.